# Juego limpio

Rupak Bhattacharya, M.B.A.

# Buenos jugadores

Es importante ser buen deportista. Eso significa que juegas limpio con tus amigos.

Significa que sigues las reglas y no haces trampa.
También significa que eres amable cuando haces deportes.

# Todos somos uno

Nick agita los brazos, arriba y abajo.
Pero Sherry no le pasa la pelota.
Sherry nunca le pasa la pelota a Nick.
Eso lo pone triste.

El partido está por terminar.
Nick vuelve a agitar los brazos.
Entonces, Sherry le pasa la pelota.
¡Nick anota el tiro ganador!

# Trabajo en equipo

Un buen jugador no olvida que es parte de un equipo.

Ser buen jugador significa pasar la pelota.

Significa alentar a los demás.

Significa trabajar todos juntos.

### Pasar la pelota

Pasar la pelota es importante en el baloncesto.
Los jugadores deben trabajar juntos para poder anotar puntos.

Pásales la pelota a tus compañeros.
¡Ellos también te la pasarán a ti!

## Los modales en el deporte

Después de un partido, los tenistas se dan la mano.
Es una manera de decirse "buen trabajo".

Si todos trabajan juntos, el equipo puede anotar más puntos.

¡Los puntos ayudan a ganar los partidos!

## Piensa y habla

¿Qué ejemplos de buenos jugadores se muestran en estas fotos?

Los buenos jugadores les dicen cosas bonitas a sus compañeros de equipo. Dicen "¡buen trabajo!" cuando alguien se esfuerza.

### ¡Silencio!

En el golf, los buenos jugadores hacen silencio cuando es el turno de otro jugador.
Pero pueden alentarlo cuando ha terminado de hacer su tiro.

Los buenos jugadores son amables aunque las cosas no salgan bien.
Dicen "¡buen intento!" cuando un compañero erra un tiro.
Ayudan a los jugadores que se lastiman.

Los buenos jugadores son amables con el otro equipo después del partido. Dicen "¡buen partido!" cuando ganan y cuando pierden.

## Piensa y habla

¿De qué maneras eres buen jugador cuando haces deportes?

Jugar limpio es trabajar bien en equipo. ¡Cuando trabajamos bien en equipo ganamos grandes amigos!

### Muchos lugares, un deporte

A muchas personas les encanta el fútbol.
¡Se juega en más de 200 países!

## Sé amable

Sherry aprendió a ser buena jugadora. ¡Tú también puedes ser buen jugador! Sé amable con los demás. Juega limpio. ¡Puedes ser buen jugador en todas las áreas de tu vida!

# Civismo en acción

Ser buen jugador no es difícil. Además, te hace sentir bien. Pon en práctica estas ideas.

1. Juega a un juego de mesa con tus familiares o amigos.

2. Deja que otro empiece.

3. Aplaude al ganador. Si ganas tú, agradece a los demás por jugar contigo.

www.ingramcontent.com/pod-product-compliance
Lightning Source LLC
Chambersburg PA
CBHW041507010526
**44118CB00001B/41**